AF229166

HISTORIQUE DU BATAILLON DES CHASSEURS VOLONTAIRES DU RHONE

COMBAT DE CHATEAUNEUF

BATAILLE DE NUITS

ENTRÉE A DIJON

NOTICES SUR LES Iʳᵉ ET 2ᵐᵉ LÉGIONS DU RHONE
ET SUR LES MOBILES DE LA GIRONDE

Dédié aux Enfants du Rhône

Par un ex-Officier

LYON

IMPRIMERIE JEVAIN ET BOURGEON

RUE MERCIÈRE, 92

1871

AVANT-PROPOS

Parmi les devoirs de tout homme envers la société, il en est un, selon moi, peut-être plus important que tout autre : répandre parmi elle la plus pure vérité, c'est-à-dire instruire chacun de ses membres de la réalité des évènements de l'époque.

Tel est le sentiment qui me dicte la brochure que je me permets de présenter.

Les journaux de presque toutes les nations ont fait connaître, en leurs diverses langues, les marches et contre-marches, combats et escarmouches des armées françaises et prussiennes, durant cette guerre « longue et pénible » de pillage et de destruction. Mais ces feuilles, quelque bien renseignées qu'elles fussent, ne pouvaient apprendre à cette foule de curieux et d'intéressés — les attendant avec anxiété, — tous les détails du théâtre de la guerre.

Ayant eu le bonheur de commander un bataillon faisant partie de l'armée de l'Est pendant cette campagne, je crois de mon devoir d'en faire l'historique aussi clair et aussi intéressant que me le permettront mes modestes talents. L'aide de Dieu, les auspices de ma famille et d'amis dévoués m'en fourniront le courage nécessaire.

Si j'arrive à remplir mon but, j'aurai assez vécu, et sans la douce amitié de mon épouse et les innocentes carresses de mon enfant que je chéris il ne me resterait rien à regretter sur la terre, car j'aurais la conscience d'avoir instruit le public de certains détails d'une administration, hélas, parfois trop faible et trop peu éclairée.

———————

HISTORIQUE

A la suite de la malheureuse capitulation de 80,000 hommes à Sedan, sur la frontière de la Belgique, la France, on le sait, proclamant la République, fit appel à tous ceux que ce doux nom pouvait attirer à sa défense.

Alexandre-Jean-Dominique Marengo, ex-lieutenant italien, était non-seulement témoin, depuis 1859, des sacrifices en hommes et en argent que cette noble nation s'était imposés pour secouer le joug Autrichien, mais avait payé de sa personne et gravé en traits assez saillants son éternelle reconnaissance pour n'être pas sourd à cet appel de la libératrice de sa patrie et, ne voulant pas se rendre seul en France, il s'adressa aux uns, persuada les autres, moyennant quelque argent à lui, et l'appui pécuniaire du Comité de secours établi pour les victimes de la guerre par la Colonie française à Genève.

Le 13 octobre, après avoir fait ses adieux à sa famille, il quitta cette ville.

Il avait donné rendez vous, à Ferney (Ain), à une quarantaine de volontaires, disposés, par lui, à prendre les armes pour la défense de cette jeune et naissante République. Il fut reçu à Ferney, par les autorités et la population, avec une bienveillance et une affabilité qui lui donnèrent la certitude de réussir dans son œuvre. Il agréa avec reconnaissance le petit déjeûner qu'on offrit à ses hommes, et après avoir constitué sa petite troupe, il dirigea sa marche, par une pluie battante, sur Gex. Là aussi, M. de Bernex, sous-préfet, et les autorités de cette localité, reçurent avec empressement cette poignée d'hommes, et il doit un mot de reconnaissance à ce pays.

Une fois que tous les hommes furent inscrits, M. le sous-préfet, en présence de M. D.... et de M. P...., membres du comité de Genève, délégués afin de faire la conduite et souhaiter bonne réussite à ces volontaires, nantit Marengo d'un sauf-conduit pour se rendre à Lyon avec ses hommes.

Profitant des transports gratis mis à sa disposition par cette ville, Marengo et ses hommes se rendirent à Collonges assez tôt pour prendre le train venant de Genève et arrivèrent à minuit à Lyon.

A la gare des Brotteaux, quatre Garibaldiens qui assistaient à l'arrivée, prièrent Marengo de descendre, ainsi que les volontaires, et en leur parlant l'Italien, les conduisirent à la Croix-Rousse, dans le couvent des frères qui servait de caserne. Marengo les accompagna, mais il descendit à Lyon avec M. Zindel, caissier général du banquier Galline, qui fut assez aimable pour l'accompagner jusqu'à l'hôtel de la Poste, rue de la Barre, où il se logea.

Le lendemain, il eut une entrevue avec un nommé Angelo Mazza, habillé en major garibaldien. Chez ce Mazza, il rencontra un nommé Alexandre Clérici, comme Mazza, habillé en major.

Marengo fut étonné de voir Clérici major, car il reconnut sous les habillements de major le même Clérici qui fit, en 1860, la campagne méridionale d'Italie, sous les ordres de Garibaldi, en qualité de sous-lieutenant ; et comme il se cachait toujours quand il s'agissait de se battre, Marengo lui dit : « Major, êtes-vous devenu courageux, maintenant ? » Clérici rougit.

Mazza, loin de féliciter Marengo d'avoir amené des volontaires, lui adressa, au contraire, les plus grossiers reproches : « Ces volontaires, disait-il, n'étaient pas tous Italiens, et quelques-uns, bien plus, avaient servi à Rome. » Mais le principal motif était une sorte de jalousie de sa part, car ces volontaires ne voulaient servir que sous les ordres de Marengo, et ce dernier ayant reconnu en Mazza un présomptueux, ne voulut à aucun prix rester sous ses ordres.

Malheureusement, cette discussion arriva aux oreilles des volontaires. Ils descendirent immédiatement de la caserne et n'y remontèrent plus. Marengo put obtenir de les faire loger à la caserne de la Quarantaine et, le 15, au matin, ils se rencontrèrent sur la place des Terreaux.

Après bien des démarches et des prières, on put obtenir aussi de M. Gailleton fils, (bureau des secours, rue Saint-Pierre), des cartes pour aller manger au restaurant National, rue Sainte-Hélène. Seulement, — et c'est là un de ces détails qui permettent de mettre à découvert la fausse organisation de cette époque, — le soir, le bureau de la Place refusa le logement de la Quarantaine et Marengo fut réduit à faire coucher ses hommes dans de petits logements de la rue Grôlée, moyennant la somme de 25 centimes chacun, qu'il paya de sa poche.

Pendant les journées des 16 et 17, il visita tous les bureaux d'enrôlement; il vit M. Challemel-Lacour, préfet du Rhône ; causa avec M. Veyrat, chef d'état-major de la garde nationale; avec le colonel Celler, dont la Légion était en formation : partout, impossibilité absolue de caserner ses hommes et de leur assurer le nécessaire. Le soir du 18, se trouvant dépourvu d'argent et malgré une pluie torrentielle, — il avait pendant la journée frappé à toutes les portes pour avoir un logement qu'il ne trouva pas, — il vint avec ses hommes à l'Hôtel-Dieu, dernier espoir.

Cet hospice était plein ; cependant 8 heures sonnaient. Il annonçait à ses volontaires sa déception, lorsque la fortune vint à son secours.

Quelques citoyens sortant du café Bouchard s'approchèrent du groupe où ils discutaient et se plaignaient très-justement de ce qui leur arrivait, et demandèrent la cause de ce chagrin. Il suffit de les informer de la situation pour qu'aussitôt une collecte s'effectuât, et avec le produit de leur générosité on put encore, ce soir là, coucher à l'abri.

Au nom de ses volontaires, ainsi qu'en son nom personnel, Marengo doit des remercîments à ces généreux citoyens, en général, et particulièrement au sieur Bouchard, cafetier, ainsi qu'au sieur Joannin, habitué dudit café, pour leur empressement à leur venir en aide.

Pendant ce temps, on demandait des volontaires pour compléter le bataillon des *Chasseurs volontaires du Rhône*. Le 19, Marengo aperçut des affiches à cet effet ; il se présenta avec ses hommes à la brasserie des Archers, rue Confort, où était le bureau. Ils furent acceptés, lui, comme lieutenant, les hommes comme volontaires-chasseurs. Tous montèrent à Caluire, au couvent des frères qui servait de caserne, et Marengo fut chargé de l'instruction, de l'ordre, et de l'organisation militaire du bataillon en formation.

Il était bien temps que quelqu'un se chargeât de son organisation, car c'était le désordre, la confusion : un fourrier, tout-à-fait inconscient de la position militaire, travaillait à ne rien faire sur la même table où mangeaient 19 hommes, reste des *Éclaireurs libres du Rhône*, revenant des Vosges, où ils avaient été décimés ; ils formaient le noyau du bataillon. Aucun registre, aucune comptabilité, pas même un état nominatif des hommes.

M. le directeur de l'ex-couvent accorda à Marengo, avec sa bienveillance accoutumée, une chambre, où se trouvait tout le nécessaire de travail et de repos, et il se mit aussitôt à réformer, selon son autorité, les abus trop nombreux de ce bataillon naissant. Les volontaires engagés à Lyon arrivaient en assez grand nombre, et au fur et à mesure qu'ils se présentaient, ils étaient habillés et conduits à l'exercice. Quant à la solde, c'était le fourrier, homme de confiance du commandant, qui devait la faire. Seulement, avec l'insouciance d'un tel commandant, il était évident qu'elle languissait. Il était tous les jours à la brasserie des Archers, où, en compagnie des officiers du bataillon, et même des chasseurs qui savaient le flatter, il passait non-seulement la moitié de la journée, mais souvent une partie de la nuit. Il avait accordé à tout Lyonnais la permission de ne point coucher à la caserne, sous la condition de se rendre à Caluire pour l'exercice de 8 heures du matin. Mais le retard qu'une partie mettait à exécuter cet ordre, procurait beaucoup d'entraves à l'organisation, à la discipline et à toutes les branches d'un bon système militaire.

Le lieutenant Marengo se plaignait souvent, mais comment, tout seul, pouvait-il combattre trois cents hommes soutenus par l'exemple d'officiers improvisés et le peu d'attention qu'un commandant faisait à ses justes remontrances ?

A cette époque, le lieutenant Marengo, encore vêtu en civil, fut victime d'une erreur d'un commandant de francs-tireurs Marseillais.

Comme il sortait de la caserne, accompagné du fourrier Huillon et du sergent Bretonville, pour se rendre à Caluire, il fut arrêté, par des francs-tireurs et des gardes nationaux, comme espion prussien et conduit à l'Hôtel de Ville. Là, grâce à un capitaine d'état-major de la garde nationale qui

le connaissait, il fut laissé en compagnie du capitaine Char-
rier de la nationale, qui se trouvait de service ce jour, et
qui, en qualité d'ancienne connaissance, invita Marengo à
déjeûner chez lui.

A deux heures, le commandant des francs-tireurs revint
à l'Hôtel de Ville, ayant passablement bu ; il menaça Marengo de le faire fusiller, disant qu'il avait juré de ne point
lui pardonner. Ne l'ayant jamais vu au feu, Marengo ignore
si cette même ardeur l'a accompagné en face des Prussiens.
Enfin, on examina ses brevets et ses certificats. Le commandant du bataillon des chasseurs vint, accompagné par
le lieutenant Chaussard, et reconnut Marengo. On le mit
en liberté, ce qui fit rougir le commandant de francs-tireurs, mais il lui serra la main sans rancune.

Marengo rentra à Caluire, où il fut reçu par les ovations
de ses hommes.

Le lendemain, vêtu de l'uniforme de lieutenant du bataillon, il recevait le salut de ces mêmes hommes qui, vingt-
quatre heures auparavant, l'avaient escorté, croyant tenir
entre leurs mains le plus grand ennemi de la République.

Au commencement de novembre, le bataillon, fort de
quatre cents hommes, dont quatre-vingts armés de chassepots, descendit en parade recevoir son drapeau national,
qui avait déjà fait la campagne des Vosges. Le lieutenant
Marengo fut chargé de se tenir au milieu du bataillon et de
porter le drapeau au logement du commandant, hôtel de
Bordeaux, où il fut déposé avec une garde d'honneur. C'est
en voyant l'ordre, la discipline, la marche et la tenue militaire de ces hommes, fiers de voir flotter le drapeau, que
le commandant fit des éloges à Marengo sur son activité
et ses connaissances militaires, et, pour le récompenser de
son zèle et de ses fatigues, le nomma capitaine avec ordre
de prendre le commandement de la première compagnie.
Le 12 du même mois, il le nantit du brevet de ce grade,

qu'on recevait de Tours, signé du ministre de la guerre et contresigné du ministre de l'intérieur.

Ce même jour, ils quittèrent Caluire pour se caserner à la Quarantaine ; les chassepots furent retirés, et tout le bataillon fut armé de Spencers, carabine américaine à 8 coups. Dès lors, les exercices se firent régulièrement deux fois par jour, sur la place de Perrache.

Le commandant avait amené de Toulon deux pièces de quatre de montagne : on forma l'artillerie, le génie, et deux compagnies de chasseurs.

Voyant qu'on parlait de départ, le capitaine Marengo obtint vingt-quatre heures pour se rendre à Genève, en compagnie de Huillon, alors adjudant, pour faire ses adieux à sa famille.

Arrivé à Genève à midi, la journée se passa très-tranquillement, mais le lendemain matin, à 10 heures, deux agents de police en civil vinrent chez Marengo et l'arrêtèrent au nom de la loi et par ordre d'un nommé M. Roch, inspecteur de police et, sans ménagement, ils le prièrent de les suivre au bureau.

Le capitaine commençait heureusement à plier son esprit à ces surprises désagréables, et il avait lieu d'espérer que cette mésaventure se terminerait comme celle de Lyon.

On l'écroua à Saint-Antoine, où il passa une nuit terrible, et le lendemain, à dix heures, on lui annonça sa mise en liberté ; en même temps, on lui notifiait que la cause de son arrestation était *due à des enrôlements* faits par lui sur le territoire Helvétique pour le compte de la France.

Le soir de ce même jour le capitaine se rendit à Lyon, où l'adjudant l'avait précédé et avait annoncé son arrestation : cependant, comme on comptait sur son retour, il fut reçu par un contentement général.

Le 17, le commandant reçut l'ordre de faire partir pour Chalon-sur-Saône tous les hommes un peu instruits. Il chargea le capitaine Marengo de former le cadre des hommes en état de partir, de compléter leur équipement de campagne, et de quitter Lyon avec ce détachement, savoir : 1 maréchal-de-logis, 1 brigadier et 8 canonniers pour chaque pièce, total : 19 hommes, qu'on nomma l'artillerie.

On forma le génie ainsi :

1 sergent-major, 1 sergent, 1 caporal et 8 hommes, formant la première escouade, armée de carabines et de haches.

1 caporal, 8 hommes, formant la deuxième escouade, armée de carabines et de pioches ;

1 caporal et 8 hommes, formant la troisième escouade, armée de carabines et de pelles ;

1 sergent, 1 caporal et 12 hommes, formant la quatrième escouade, armée de carabines, barres à mines, tenailles, pinces, marteaux, le nécessaire, enfin, pour détruire, arranger le chemin de fer ; enfin, tout ce qui pourrait servir à notre armée et nuire à l'ennemi.

Première compagnie de chasseurs :

1 sergent-major, 1 sergent-fourrier, 1 caporal fourrier, 2 clairons, 7 sergents, 14 caporaux, 7 escouades de 16 hommes chacune, plus 8 éclaireurs à pied.

L'effectif était donc : officiers 4, troupe, 209. Total : 213. Le docteur, le lieutenant du génie et le sous-lieutenant de la compagnie ne partirent pas ce jour-là.

Le vendredi 18, à 10 heures du matin, tout le monde était prêt, armes et bagages ; le commandant arriva et on se rendit aux Terreaux, en passant par le quai Saint-Antoine. Un bataillon de la garde nationale attendait la compagnie pour l'accompagner à la gare de Perrache. Le capitaine remercia ces braves citoyens de leurs ovations. On arriva à 11 heures à la gare par la rue de Lyon et la rue Bourbon. La société de secours offrit pain, viande et vin à la troupe, tandis que le capitaine Marengo faisait charger les canons. L'heure de monter en wagon approchant, le capitaine fut assiégé par les parents des partants. Les larmes aux yeux, ils lui recommandaient le fils, le frère, le cousin, le neveu et même le fiancé. Sa plume, incapable de peindre une scène si émouvante, laisse à la fertile imagination de chacun le soin de se la représenter.

On quitte enfin Lyon, au son des clairons, mêlé aux chants patriotiques des hommes, aux adieux et aux dernières acclamati ons.

La joie fut générale jusqu'à Belleville, où le train, avant de se mettre en marche, attendait que l'express venant de Mâcon, eût passé ; il arrivait à toute vapeur, et un affreux malheur se produisit ; le chasseur Linacier, jeune homme de la Croix-Rousse, voulant traverser la voie, fut broyé et mis en pièces par le choc de la locomotive. Ce triste événement rendit tous les hommes sombres, et plus un cri ne se fit entendre de la journée.

Il était nuit quand on arriva à Chalon-sur-Saône, il pleuvait ; une heure après, grâce aux démarches faites par le capitaine Marengo, chacun était logé chez les habitants, où on les reçut avec bonté et bienveillance, comme des enfants de la famille.

Le capitaine et ses hommes ne sauraient avoir des termes assez expressifs pour leur témoigner leur grande reconnaissance.

Le samedi matin, 19, on fit l'appel à 9 heures, sur la place Saint-Pierre, et de là, on se rendit à l'exercice où le capitaine adjudant-major Zimmermann, fit la solde. Le soir après diner, le capitaine Zimmermann partit pour Lyon, et remit pour la solde du dimanche, au capitaine Marengo, la somme de 400 francs, promettant d'être de retour, au plus tard, le lundi matin.

Le dimanche le détachement fit les exercices accoutumés ; il jouit du restant de la journée en liberté. Le vin de Chalon est très-puissant, les citoyens sont très-prodigues ; aussi le soir une partie des chasseurs étaient-ils dominés par le vin. Trois qu'on ne nomme point, car ils ont été assez punis, insultèrent M. Boysset, maire de la ville, avocat érudit, excellent homme, capitaine de la garde nationale.

Le capitaine Zimmermann avait cru laisser les canons à la gare sans en parler au chef: celui-ci ne connaissant pas la destination de ces pièces en avertit M. Cotti, sous-préfet, qui donna l'ordre de les saisir et de les remettre à l'artillerie de la garde nationale châlonnaise. A onze heures du soir on fit appeler le capitaine Marengo à l'Hôtel de Ville; on lui reprocha la très-mauvaise conduite de ses hommes; on fit retomber sur lui les insultes dont M. le maire avait été l'objet, et on lui communiqua enfin l'ordre de M. le sous-préfet concernant les canons. Le capitaine soumit humblement à M. le maire et à plusieurs officiers de la garde nationale présents à cet entretien tout le chagrin qu'il en ressentait, promit le châtiment des coupables, puis, suivi de quatre hommes de la garde nationale, baïonnette au canon, il fit une minutieuse patrouille dans la ville, y rétablit le calme, et rentra à son logement à deux heures du matin.

Le lundi matin l'appel eut lieu à neuf heures, place Saint-Pierre : alors, en présence d'une foule assez grande, le capitaine fit désarmer et conduire à la prison de ville les trois coupables, voulant ainsi donner un exemple sévère au reste de la compagnie.

Il faut ici rendre témoignage au bon cœur de M. le maire, qui demanda grâce pour eux, et, après vingt-quatre heures de détention, obtint du capitaine l'autorisation de les faire rentrer dans les rangs du détachement; plus, il accompagna Marengo dans toutes ses démarches pour obtenir ses canons, ce qui eut lieu le même jour.

Cependant il fallait s'occuper de réunir les hommes dans un même local; depuis leur arrivée ils étaient chez les habitants et il ne fallait point abuser de la bonté de ces derniers. Le propriétaire de la verrerie mit à la disposition du détachement son établissement, dont les fours étaient éteints depuis le début de la guerre. Il y fit étendre de la paille, et le détachement tout entier put s'y installer, étant ainsi réuni, dans le cas où il y aurait un coup de main à faire.

L'occasion ne tarda pas à se présenter ; malheureusement un obstacle insurmontable en empêcha la réalisation. Les membres de la défense nationale de Chalon ayant reconnu en Marengo un vrai soldat, et dans les chasseurs des hommes déterminés, le firent appeler à l'Hôtel de Ville dans la nuit du 22 au 23. Il s'y rendit avec ce qu'il appelait son petit état-major composé de MM. Redier (Louis), secrétaire ; Vernay (Jean-Baptiste), sergent major, et Jullieron (Frédérich), sergent fourrier. Là, par l'organe du commandant de place, on lui annonça l'arrivée d'une dépêche apportant la triste nouvelle que cinq à six cents Prussiens étaient dans un village, réquisitionnant, pillant, etc.; on demandait de la force pour les chasser. « Capitaine, dit ce commandant à Marengo, on compte sur vous, on joindra onze cents mobiles qui sont ici tout prêts à vos chasseurs, et vous partirez cette nuit même. » Marengo se voyant l'objet d'une pareille confiance, à la veille de montrer à ses hommes qu'il méritait l'honneur de les commander, se vit cependant dans l'impossibilité d'accepter ce rôle ; des larmes remplirent ses yeux et il répondit au commandant de place en lui serrant la main qu'il ne pouvait partir : il n'avait pas une seule munition pour les canons, pas une seule cartouche pour les carabines ; de plus, le capitaine Zimmermann n'étant pas encore de retour de Lyon, depuis deux jours il était sans argent pour faire la solde au détachement, et que même deux dépêches envoyées au commandant à Lyon étaient restées sans réponse.

Le commandant de place, en présence d'une pareille situation, rédigea séance tenante son rapport, et une réquisition pour le chemin de fer. Le sergent-major Vernay partit à trois heures du matin pour Lyon, et M. le maire partit par le train suivant.

M. Vernay rentra à Chalon le soir du 23 avec 500 fr. Le capitaine Zimmermann arriva le matin du 24 apportant la nouvelle de l'arrivée du reste du bataillon pour le soir.

En effet, le soir, le détachement se rendit à la gare et eut la satisfaction de recevoir le drapeau, le commandant, l'ambulance, les munitions, les bagages, et d'embrasser joyeusement ses frères d'armes venant de Lyon. On défila drapeau déployé sur la place Saint-Pierre, quai de Saône, en longeant le canal, et tout le bataillon se rendit à la verrerie où il fut logé.

Le 25 se passa sans changement dans la situation présente, sauf un petit accident arrivé au capitaine Marengo à la suite d'une discussion entre un lieutenant et une femme se disant trompée par ce dernier. Marengo reçut un coup de poignard qui lui coupa toute la partie supérieure du doigt majeur et l'ongle. La dame fut aussitôt désarmée et le médecin du bataillon traita la blessure du capitaine entre les mains de qui fut déposé le poignard. Quelques jours après la blessure était sans gravité.

Le 26, à neuf heures et demie du matin, l'ordre arriva de partir pour Chagny. A midi tous les chasseurs présents à la gare partirent ; mais assuré que quelques-uns restaient à Chalon, le commandant ordonna à Marengo de rester pour réunir et faire partir les retardataires par le train suivant qui partait à trois heures et demie. Vers les trois heures une quantité de sous-officiers chasseurs étaient à la gare, quelques-uns ayant bu, parmi lesquels Jean Gain, volontaire genevois que Marengo avait fait nommer sergent-fourrier du bataillon. Cet homme, sans respect pour les galons qu'il portait, voulait faire partir avec lui deux femmes de mauvaise réputation. Le capitaine le réprimanda et essaya par la douceur de le ramener à la raison ;

mais Gain ne tint aucun compte des avertissements, causa du tumulte à la gare, et poussa le capitaine à user de la plus sévère punition applicable à des volontaires. Il le fit désarmer, quitter l'uniforme dont il s'était rendu indigne, puis pria le commandant de Chalon de faire conduire ce chasseur sous bonne escorte jusqu'à la frontière suisse pour être rendu à sa mère.

Il alla ensuite rejoindre à Chagny le bataillon logé dans des hangars de la gare, presque sans paille ; sa tente se trouvait à côté de celle du commandant, en dehors du chemin de fer.

C'est ce jour qu'un nouvel accident arriva. Un chasseur ivre insulta le caporal de garde ; le chasseur Robert, ordonnance du commandant, voulant rétablir l'ordre, reçut un coup de couteau à la joue gauche, et pendant plusieurs jours on douta de sa guérison. Cependant le 8 janvier il était guéri, et le 9 il rejoignait le bataillon. La nuit se passa sous la tente très-froidement. Marengo partagea la sienne avec son petit état-major ; plusieurs couvertures étaient à leur disposition, mais impossible de se réchauffer, tant le froid sévissait et surprenait le corps.

Le 27 le commandant annonça au bataillon que faute d'argent il ne pouvait faire la solde ; une pluie gelée tombait à verse et le froid était grand. Marengo alla en ville et à la mairie, il put avoir du pain pour la troupe. À son retour au campement, le commandant du bataillon lui communiqua une dépêche du préfet de Lyon, M. Challemel-Lacour, qui mandait le commandant à Lyon, immédiatement, et lui dit, après lui avoir transmis la direction de la troupe, jusqu'à son retour : « Quant à la solde, j'emmène le sous-lieutenant Arnaud avec moi ; je le renverrai au plus vite avec l'argent nécessaire à la troupe et aux officiers. » Le sous-lieutenant Béal pria le commandant de l'emmener à Lyon, à la place d'Arnaud, ayant maintes affaires à régler, mais le commandant fut inflexible. M. Béal, sur ce refus, remit son sabre au capitaine Marengo et donna sa démission. Il partit le même jour par le même train et dans le même compartiment qui transporta à Lyon le commandant et Arnaud. Une heure après ce départ, le colonel Pélissier, commandant la place de Chagny, écrivait ce qui suit :

« Monsieur Alexandre Marengo, dans son camp, à la « gare. Chagny, le 27 novembre 1870. Mon cher cama- « rade, je reçois à l'instant une dépêche télégraphique du « préfet du Rhône qui concerne votre bataillon. Veuillez, « je vous prie, venir me voir aujourd'hui à quatre heures « au bureau de la place, nous conférerons ensemble sur « son contenu. Signé le colonel PÉLISSIER. »

L'entrevue eut lieu, et le résultat fut que le colonel Pélissier, au nom du préfet du Rhône, ordonna à Marengo de prendre le commandement du bataillon.

Rentrant au campement et une fois sous sa tente, ce nouveau commandant se livra à toutes les réflexions naturelles à sa nouvelle position. Prendre le commandement d'un bataillon comme celui des Chasseurs du Rhône, sans aucune organisation administrative, sans argent, sans registre, sans inventaire d'ambulance et de munitions, basé sur de très-mauvais principes, sans conseil d'administration, et sans un officier capable d'aider avec connaissance de cause à arriver à quelque chose, c'était une tâche bien pénible, et Marengo la crut supérieure à ses forces, car, et c'est le plus difficile, il fallait donner à ce bataillon l'instruction, la discipline, les règles nécessaires enfin pour pouvoir le mettre à la portée de rendre à la patrie les services qu'elle était en droit d'en exiger, en vue des sacrifices qu'elle avait faits.

Comment arriver à tout cela en présence des abus que le commandant précédent avait introduits dans le bataillon? abus qui étaient enracinés, car ils avaient été créés et arrosés avec maintes chopes de bière à la brasserie des Archers, à Lyon. Deux médecins pour un si petit nombre d'hommes, jaloux l'un de l'autre, ayant leurs maîtresses qui les suivaient, autorisées par le commandant, qui les avait fait habiller en chasseurs. Un lieutenant accompagné aussi d'une femme; le sergent du génie demandant pour sa légitime le même droit que les autres; la cantinière qui avait obtenu de conduire avec elle sa fille et sa cousine, et toutes avec le costume de chasseurs.

Tous ces abus visibles prêtaient au mépris du bataillon, et étaient une cause de railleries pour les autres francs-tireurs. Ces femmes passaient pour infirmières et recevaient 1 fr. 20 c. par jour. Un simple chasseur, attaché à l'ambulance, avait 1 fr. 50. Un soi-disant chef des éclaireurs à pied, à qui le commandant avait permis de porter la tenue d'officier, recevait 2 fr. par jour. L'adjudant Huillon, porte-drapeau, et chargé de l'équipement, touchait 3 fr. Le temps pressait.

Pour supprimer ces abus et organiser le bataillon d'une façon militaire, il fallait un changement qui devait sans doute attirer la haine des officiers et des femmes sur celui qui le ferait. Marengo était indécis; il recevait les félicitations de ses hommes comme nouveau commandant. Il avoua à quelques-uns, les plus raisonnables, son intention de démissionner. Une demi-heure après, une députation de huit sergents demanda à lui parler, et en peu de mots lui dit que s'il démissionnait, les trois quarts au moins du bataillon étaient prêts à s'en retourner. Cette confiance, l'estime que le bataillon témoigna à Marengo par la bouche de ces sergents, le firent réfléchir plus sérieusement : Comment, se dit-il à lui-même, moi qui suis venu pour payer de reconnaissance une nation qui libéra la mienne de l'esclavage autrichien, pourrais-je, par ma démission, permettre la dissolution d'un bataillon appelé à rendre on ne sait quels services à sa patrie? Que peut-elle me préparer, la haine que je vais sans doute m'attirer? La mort! Dieu sait que le sacrifice de ma vie est fait. Ce n'est pas l'argent qui a pu me faire prendre les armes, car depuis le 20 octobre jusqu'à ce jour je n'ai reçu que cinquante francs. — On n'a jamais pu toucher la solde du mois de novembre que le commandant a fait disparaître. — Ne soyons pas ingrat, courage, force, énergie, confiance, persévérance, impartialité, Dieu fera le reste. — Il remercia les sergents, et leur répondit : « Je reste, j'accepte le fardeau, mais je sens combien est lourd ce quatrième galon qu'on veut mettre à mon képi. » Il réunit alors les officiers du bataillon, leur fit connaître l'ordre du préfet du Rhône et leur dit : « Messieurs et amis, si j'accepte le commandement c'est avec l'espoir que par l'ordre et l'amitié qui règnent entre vous, l'exemple que vous donnerez aux hommes, vous m'aiderez à en supporter le poids ; sans votre appui il m'accablerait. J'ai passé en revue consciencieusement les connaissances militaires que chacun de vous possède, je vous jure que si parmi vous j'avais eu le bonheur de trouver quelqu'un capable de commander le bataillon, je lui aurais cédé la place avec joie, mais malheureusement vous avez encore beaucoup à apprendre. Veuillez donc me consulter sur chaque point qui peut ralentir la marche de vos devoirs respectifs, vous me trouverez prêt à vous éclairer de mes connaissances. Comptez sur moi comme je compte sur vous. » Ensuite il forma son conseil d'administration, donna l'ordre du jour au bataillon, fit distribuer les cartouches, conduisit le bataillon à la cible pour lui apprendre à se servir de la carabine Spencer et avoir confiance en elle. Il exposa au colonel Pélissier les besoins urgents du bataillon ; celui-ci télégraphia à M. le préfet à Lyon, sans recevoir la moindre réponse.

Une affreuse situation se faisait sentir, les soldats sans argent murmuraient, quelques officiers les aidaient ; l'intendance ne voulait point reconnaître les bons de vivres du bataillon, à cause de la confusion que le commandant arrêté avait jetée dans les registres, états de solde, etc. Le capitaine Jeannin, commandant la 2e compagnie du bataillon, trouva un boucher qui voulut bien donner de la viande en attendant, et le bataillon passa le 27 et le 28 avec un peu de pain et un peu de viande.

Le 28 au soir Arnaud revint de Lyon accompagné de M. Béal qui, ayant fait la paix en route avec le commandant, revenait réclamer sa place et son sabre. M. Arnaud remit une lettre faite et signée par M. Challemel-Lacour lui-même, contenant l'ordre officiel de prendre le commandement du bataillon. Le 28, à quatre heures du soir, le général Crévisier arriva à Chagny. Sur les plaintes de Marengo il remit mille francs au colonel Pélissier, pour pourvoir aux plus stricts besoins de ce bataillon.

Le 29 Marengo reçut les mille francs, et le conseil d'officiers, convoqué, décida à l'unanimité que deux cents francs fussent distribués entre tous les officiers présents ; deux cents donnés au capitaine Jeannin pour le couvrir des dépenses faites, et que les six cents autres fussent distribués à la troupe, de manière à satisfaire chacun. Cette décison fut exécutée immédiatement, et en même temps le nouveau commandant régularisa la position de tous en faisant disparaître les abus et les priviléges.

Le 30, à deux heures du matin, l'ordre arriva de partir pour Beaune par le train de dix heures. Au réveil l'ordre fut communiqué au bataillon, et à neuf heures le commandant envoya un officier à l'hôtel du Commerce, à Chagny, pour payer les dépenses et faire conduire à la gare deux chevaux appartenant au bataillon ; mais les officiers, comptant sur la solde du mois de novembre, avaient fait des notes à cet hôtel et le propriétaire pour s'en garantir le paiement, refusa de rendre les chevaux ; on dut les y laisser. Le colonel Pélissier fit remettre une lettre qui devait servir d'introduction auprès du général Cremer, et tout le bataillon partit pour Beaune. Ce jour-là, précisément se livrait la première bataille de Nuits.

Lorsque le bataillon arriva à Beaune, il trouva l'ordre de continuer sa marche sur Nuits, où l'on se battait. Dans l'après-midi on partit avec le bataillon de la mobile de la Gironde, commandé par M. Carayon-Latour. A Premeaux, les Girondins descendirent et les chasseurs continuèrent jusqu'à Nuits en chemin de fer ; le combat était terminé ; l'ennemi avait été repoussé.

La nuit se passa tant bien que mal pour la troupe. L'artillerie et le génie logés sous la halle souffrirent beaucoup du froid. Le commandant Marengo vit le général Cremer, qui, après avoir pris connaissance de la lettre dont le colonel Pélissier l'avait nanti, mit le bataillon sous les ordres du colonel Bourras qui commandait déjà une vingtaine de compagnies de francs-tireurs, épouvantail des Prussiens.

L'accueil fait à Nuits au bataillon fut très-fraternel ; quelques chasseurs en profitèrent pour se livrer à quelques libations ; parmi ceux-ci un nommé Colombet, volontaire lyonnais (Guillotière), n'entendit point le *qui-vive* qui fut donné par la sentinelle placée à la porte du colonel Ferrer, commandant la 2e légion du Rhône ; il continua à marcher, mais au moment où il se portait vers elle, il reçut un coup de fusil qui le tua raide.

C'était le 1er décembre à deux heures du matin. Le corps de ce malheureux fut porté à l'hospice, où le commandant Marengo s'entendit avec le directeur pour qu'il fût enterré chrétiennement. Deux heures après cet accident, les chasseurs du Rhône reçurent l'ordre de quitter Nuits au plus vite, en passant par Chaux, et de se rendre le soir à Savigny, à vingt-quatre kilomètres. A sept heures du matin on quittait Nuits et à neuf heures on était à Chaux. La troupe, sans vivres, sans pain et sans solde, refusa de marcher davantage ; on fut obligé de faire des bons et d'envoyer les hommes deux à deux chez les habitants, où l'on comptait qu'ils pourraient dîner; mais au lieu de manger ils burent, et beaucoup. Vers midi, le commandant, voyant que ses hommes n'écoutaient plus le clairon, eut l'idée de les rassembler autrement. Il fit tout-à-coup courir le bruit que les Prussiens cernaient Chaux; les hommes, exaltés, ne virent partout que casques à paratonnerre et canons braqués. L'alarme fut complète, les clairons sonnaient la générale; en moins de dix minutes le bataillon fut sous les armes, l'artillerie attelée, tout fut prêt. Les habitants de Chaux, à qui par ordre du commandant, M. l'adjoint expliqua la ruse, en furent quittes pour la peur. En attendant, le bataillon fut mis en marche et quitta Chaux.

A un kilomètre de ce village, on fit une halte pour attendre quelques retardataires. Tout en causant de cette fausse alarme, on entendit un coup de carabine partir du milieu de la colonne. C'était un imprudent qui venait de le faire partir. La balle malheureusement avait frappé à la tête son plus cher ami. Il fut lié derrière un char, mesure très-nécessaire, car, dans son désespoir, il se serait tué. Le blessé fut conduit par l'ambulance à l'hôpital de Savigny, où il rendit le dernier soupir à trois heures du matin, le 2 décembre. Là encore le commandant prit les mesures nécessaires pour l'enterrement de cette victime, et eut la satisfaction d'y voir assister presque tous les habitants de Savigny.

Le bataillon fut fort-bien accueilli, soit à Savigny, soit à Aloxe où on laissa la 1re compagnie, commandée par le lieutenant Chaussard.

Le matin du 2 décembre, la joie était générale. Un employé municipal, précédé d'un tambour faisant autant de bruit que dix canons, annonçait à la population que Paris était débloqué.

Marengo vit le colonel Bourras, logé au château, qui, voyant la triste situation du bataillon, lui fit remettre 600 francs, le fit déjeûner à sa table et le congédia. Le conseil d'officiers convoqué, on décida de distribuer 28 francs à chacun des officiers présents. Ils étaient onze, total 308 francs ; les 292 francs restant, furent distribués à la troupe. La 1re compagnie fut rappelée d'Aloxe et, à 10 heures du matin, le voluble Cremer prenait le bataillon des chasseurs du Rhône sous ses ordres directs et ordonnait au commandant de se rendre à Lusigny et d'agir de concert avec le colonel Ferrer, de la 2me légion du Rhône, selon les ordres qu'ils recevraient.

Arrivés à 4 heures du soir à Lusigny, on trouva le village tellement occupé, qu'on fut dans l'impossibilité de se loger. Marengo exposa au brave colonel Ferrer que ses chasseurs étaient sans tentes, sans couvertures, sans capotes, et ne pouvaient, par conséquent, bivouaquer et passer à la belle étoile une nuit dont la rigueur était extraordinaire. Le colonel Ferrer fit prier le commandant Mouton, de sa légion, de vouloir faire camper son bataillon et de céder les écuries du château qu'il occupait ; mais les chasseurs, touchés de cet acte de générosité, pour ne pas déranger leurs camarades les légionnaires du Rhône, préférèrent passer la nuit dans le parc du château, s'allumant des feux qui durèrent toute la nuit. Il s'agissait de manger, mais comment faire ? Il n'y avait rien, pas seulement du pain. Le commandant Marengo acheta six moutons qui furent tués et distribués aux hommes qui les firent rôtir au feu du bivouac, enfilés à la pointe de leurs baïonnettes, et les mangèrent sans pain et à moitié saignants.

On ne peut omettre ici une chose, qui malgré la tristesse de cette nuit glaciale prêta presque à rire : derrière les deux pièces de canons et l'ambulance du bataillon, se trouvait un étang, large de 2 mètres et long de 4, contenant 60 centimètres d'eau glacée ; les artilleurs avaient allumé leur grand feu à 10 mètres de l'étang ; attirés par l'envie de se chauffer un peu, quelques mobiles, qui bivouaquaient à 20 mètres de l'autre côté de l'étang, marchaient tout droit au feu, quand tout à coup le sol leur manquait et ils tombaient au fond de l'eau. Ces malheureux poussaient des cris à réveiller le camp entier, ils se croyaient perdus à jamais, les artilleurs les retiraient, les portaient moitié gelés près du feu, où un moment après ils étaient complètement réchauffés.

A une heure du matin, quand le commandant vint donner l'ordre de partir, les artilleurs en avaient déjà sauvé quatre ; il fut témoin de la chute d'un et aida même au sauvetage du sergent de la 4me escouade de la 1re compagnie des chasseurs, et, sans lui, le commandant Mouton s'y serait précipité aussi avec son cheval.

A deux heures du matin, tout le bataillon était sous les armes, il partit pour Sainte-Sabine ; mais si Marengo eut la satisfaction de voir son bataillon au complet en ce qui regardait la troupe, il eut le chagrin de voir absents de leur poste huit officiers, qui prétextèrent ne pas avoir entendu le clairon. Il marcha quand même à la tête du bataillon, n'ayant avec lui qu'un capitaine, deux sous-lieutenants, et le chirurgien-major ; la marche fut tranquille, la lune éclairait le chemin, on voyait la neige partout. Un artilleur avait posé sa carabine chargée sur un canon, elle glissa de côté, et quel ne fut pas notre étonnement d'entendre, au milieu de la nuit, partir un coup produit par le frottement de la roue. Le bataillon crut encore à un malheur, mais heureusement la balle ne toucha personne, et instruit de la cause du coup de feu, tout le monde se remit en marche. Bien que pas superstitieux, le commandant prédisait à tout le monde une brillante journée.

Le jour commençait à permettre de distinguer les objets quand on découvrit Sainte-Sabine. On s'arrêta, le colonel Ferrer donna ses dispositions. Il ordonna au commandant Marengo de rester avec lui ainsi que son artillerie, escortée de 60 hommes, chasseurs et génie. Le reste du bataillon, sous les ordres du capitaine Jeannin et du sous-lieutenant

Arnaud, fut envoyé en éclaireur à la tête du bataillon de la Gironde formant notre aile droite. Le commandant des chasseurs garda avec lui le chirurgien-major Delys-Dufay et le sous-lieutenant Rédier. Les francs-tireurs de la mort et ceux des Cévennes éclairaient en avant et à gauche de la route conduisant à Sainte-Sabine. Les chasseurs du Rhône et la 2me légion du Rhône formaient l'aile gauche. Le commandant Marengo reçu l'ordre d'avancer avec son artillerie, à la tête de la 2me légion, et de marcher ainsi sur Sainte-Sabine, que 800 Badois avaient évacué à 5 heures du matin, après y avoir passé la nuit, avoir pillé les habitants et les avoir maltraités.

Tableau touchant que celui qu'on vit en entrant dans ce village, coupé en deux par la route ; les femmes, la moitié en négligé, embrassaient et bénissaient, les yeux pleins de larmes, nos soldats, les appelaient des frères libérateurs, les encourageaient en leur offrant, pain, vin, eau-de-vie, cigares, tout enfin ce qu'ils avaient pu soustraire à la rapacité de ces hordes barbares. A la porte du château, deux gentilles demoiselles, accompagnées de leur mère, toutes trois en deuil, ne permettaient pas à qui que ce soit de passer, sans l'obliger à se servir de pain et de vin à volonté. Les chasseurs, étant les premiers, purent boire assez pour se faire passer le goût du mouton sans sel mangé la veille à Lusigny. Le commandant Marengo ne put refuser une bouteille de vieux bourgogne que lui offrit une des demoiselles avec la gentillesse et le charme qui caractérisent les belles Bourguignonnes.

Aussitôt après Sainte-Sabine, on entendit la canonnade partant de Châteauneuf ; on distinguait des nuées de fumée blanche, se dispersant dans l'air pur d'une charmante, mais très-froide matinée de décembre ; on ne voyait plus ni les Girondins ni les chasseurs, tous étaient entrés dans les bois ; les francs-tireurs de la mort et des Cévennes nous avaient devancés en éclairant les bois en avant et à notre gauche. On distinguait le village de Vandenesse à 4 kilomètres, droit devant nous; à notre droite, Châteauneuf, sur sa hauteur, nous paraissait majestueux et imposant. La colonne fit halte pour s'orienter; le commandant Marengo, avec sa lunette, découvrit une colonne ennemie qui s'avançait dans les champs: c'était un bataillon Badois, en colonne serrée, précédé par quelques uhlans, qui cherchaient à nous tourner; à 1 kilomètre sur sa droite et en arrière, il y en avait un deuxième, puis un troisième, visible comme un point noir, mais grossissant sans cesse. Le colonel Ferrer, averti de la marche de l'ennemi, toujours gardant le calme et le sang-froid qui faisaient l'admiration de sa légion, ordonna au capitaine Benedetti, commandant la 6me compagnie, d'avancer et de déployer ses hommes en tirailleurs dans un fossé au bas de la route, d'où l'on dominait la plaine située au pied de la colline sur laquelle est bâti Châteauneuf. Toute cette légion avait les yeux sur son colonel, qui, à cheval, avec sa lunette, laissait apercevoir un sourire de satisfaction, voyant que l'ennemi marchait vers nous.

D'après l'ordre du colonel, le commandant Marengo fit charger ses deux pièces à mitraille, et comme il n'était pas sûr du sang-froid de ses hommes, la plus grande partie voyant le feu pour la première fois, l'idée lui vint de leur en donner l'exemple, soit pour tenir parole à la promesse faite au bataillon, dans son premier ordre du jour de Chagny « *comme soldat vous me connaîtrez au feu,* » soit pour acquérir sur ses hommes cette grande force morale si nécessaire à un chef de soldats presque improvisés : il avança seul, au devant de ses pièces, à 10 mètres sur la route, regarda l'ennemi s'approcher, sa bouteille de bourgogne à la main, et but à la destruction de la Germanie.

Tandis qu'il buvait, l'ennemi démasqua tout à coup deux pièces braquées sur celles des chasseurs, et envoya deux obus, dont l'un tomba à 1 mètre de Marengo, sans éclater, l'autre alla se perdre près des restes d'un ancien moulin à vent, situé à 10 mètres sur la droite de la route, et éclata sans faire de victime. Le commandant Marengo ramassa l'obus tombé à son côté, le remit au sergent-major Vernay, qui s'en débarrassa, le trouvant trop lourd, revint calme à ses pièces, en pointa une lui-même, et commanda feu... Les deux coups de mitraille tombèrent au milieu de la colonne badoise, d'une façon meurtrière, à tel point qu'au sixième coup, ces beaux bataillons, sans avoir eu le plaisir de nous approcher assez pour se servir de leurs aiguilles, étaient à moitié par terre, et ceux restés debout, fuyaient comme des voleurs.

Ce tir remonta le moral de la troupe au point que le colonel Ferrer et le commandant Marengo avaient beaucoup à faire pour retenir les hommes qui poursuivaient l'ennemi dans sa défaite, au pas de course.

Le prudent autant que brave colonel Ferrer, faisant éclairer tous les recoins pour ne pas jeter la troupe dans les embuscades propres aux Teutons, ordonna de marcher en bon ordre sur Vandenesse, mais avant d'arriver à la route qui, tournant à droite, conduit à ce village, on rencontra les francs-tireurs de la mort qui rentraient à Sainte-Sabine pour monter à Châteauneuf, du côté de Bouhey, escortant trois chars de pain enlevés à l'ennemi. Les chasseurs envoyés en éclaireurs enlevèrent aussi à l'ennemi un beau vivant, dont les morceaux servirent au souper, deux pièces de vin, bues avec les éclaireurs des Cévennes et les légionnaires, un char chargé de quinze bonbonnes de pétrole que les Badois conduisaient à Châteauneuf pour y mettre le feu et huit petits moutons, plus des casques, des bottes, des flanelles, des montres ; les plus rusés trouvèrent le moyen de remplir leurs porte-monnaies de thalers.

L'ennemi, abandonnant tout, prit la vallée de l'Ouche et s'enfuit. Arrivé près de Vandenesse, avant d'y entrer, le colonel Ferrer serra la main du commandant Marengo, et en souriant lui dit : « Au nom de la patrie, je vous remercie ! » Paroles qui firent verser des larmes de joie au commandant.

On entra à Vandenesse, tandis que le bataillon se reposait en préparant le bœuf à la mode; Marengo, accompagné du chirurgien-major, dont le courage venait de lui être révélé, partit pour avoir des nouvelles des hommes que, le matin, il avait confiés au capitaine Jeannin.

Arrivé à Les-Bordes, petit village à 4 kilomètres de Vandenesse, un Badois fuyard, caché derrière un arbre, le coucha en joue, mais si prompt qu'il fut, Marengo ne lui donna pas le temps de presser la détente, car il tomba mort, percé au cœur par une balle que le commandant lui envoya. On s'approcha du cadavre que les paysans promirent d'enterrer, après lui avoir pris, un ses bottes, un autre du tabac, un vieux grand-père demanda d'avoir le sac pour son petit-fils, âgé de huit ans, à qui il dit : « En regardant ce sac, mon bon garçon, tu te rappeleras toujours de ce brave commandant qui tua un de nos ennemis, et tu prieras pour lui. » Le commandant prit le fusil à aiguille, et la petite plaque en fer blanc que chaque soldat porte à son cou, indiquant la matricule, le régiment, le bataillon et la compagnie auxquels l'homme appartient. Ces deux témoins sont entre les mains du sieur J. R., jadis commissaire spécial à Bellegarde, à qui Marengo en fit cadeau.

De retour à Vandenesse, ils rencontra deux de ses chasseurs qui lui annoncèrent que ceux commandés par le capitaine Jeannin avaient fait prisonnière une ambulance entière, avec les médecins, chevaux, etc. Il ordonna le départ, et à 4 heures 1/2, tout le bataillon était à Châteauneuf, la neige tombait à flots et ne cessa que le lendemain.

Le général Cremer, qui dirigea une si belle journée, avait déjà connaissance de ce que le commandant des chasseurs du Rhône avait fait, il le félicita et pour le remercier lui fit l'honneur de l'inviter à sa table pour dîner.

Le capitaine Jeannin arriva avec les chasseurs, la soirée se passa joyeusement en se racontant réciproquement les faits de la journée, et la joie fut au complet, lorsque, à l'appel, on put constater que pas un homme du bataillon n'avait reçu la moindre égratignure ; le moral du bataillon était excellent, le contentement général, et les chasseurs étaient fiers de leur commandant.

Le 4, au matin, le général Cremer ordonna à Marengo de prendre, avec celui des chasseurs, le commandement des francs-tireurs de la mort et des Cévennes, de former l'arrière-garde et de ne quitter Châteauneuf qu'après l'avoir fait complètement débarrasser par toute la troupe, n'y laissant que les blessés incapables d'être transportés. A 8 heures du matin, l'arrière-garde quittait Châteauneuf, souvenir de gloire et d'une belle victoire pour l'armée française ; à 9 heures, on rentrait à Sainte-Sabine, où les embrassements fraternels recommencèrent plus cordialement que jamais, car ils étaient aussi plus méritoires que la veille. Marengo se rendit chez M. le maire de ce village ; là, il rencontra le général Cremer et son état-major qui déjeûnaient ; le général se leva de table et embrassant Marengo, le présenta à M. le maire et il dit : « Messieurs et chers amis, en récompense des services que ce brave officier a rendus hier à la patrie, je confirme aujourd'hui la nomination de M. Challemel-Lacour, préfet du Rhône, en le nommant officiellement chef de bataillon, commandant le bataillon chasseurs volontaires du Rhône. Ainsi, mon cher commandant, vous allez mettre votre quatrième galon de suite. » Tout le monde félicita Marengo, on but à la patrie, à la République, etc. Confus de tant de louanges pour n'avoir fait que son devoir, Marengo remercia le général, M. le maire et tout l'état-major par ce qui suit : « Messieurs, l'honneur que je viens de recevoir ainsi que l'accueil que vous me faites, me touchent doublement, car je n'ai fait que mon devoir, que j'espère faire partout et

toujours, en vrai soldat, chaque fois qu'il y aura des ennemis de la France à combattre ; je vous prie seulement de
ne pas tant m'honorer, car rappelons-nous que la Roche
Tarpéienne n'est pas loin du Capitole. »

Le soir, on arriva à Bligny-sur-Ouche, où l'on coucha.
Le capitaine Zimmermann et l'aide-major Michaud, absents
du bataillon depuis le 26 novembre, jour où ils furent
chargés d'une mission par le commandant arrêté, — mission dont le résultat fut toujours un mystère, — rentrèrent
au bataillon. Le capitaine Zimmermann fut destiné par le
général Cremer à prendre le commandement de la 1re compagnie. Le commandant des chasseurs du Rhône doit ici
blâmer la conduite du maire de Bligny à son égard et à
l'égard de ses officiers et soldats, car après lui avoir envoyé trois fois prière très-polie de vouloir bien mettre à sa
disposition un cabinet pour abriter le drapeau qui venait
de Châteauneuf, il fallut agir plus brusquement et ce
n'est qu'après des menaces, assez résolues, qu'on a pu à
11 heures du soir, par un froid sibérien, obtenir d'être
couchés sur un peu de paille à l'Hôtel-de-Ville, dans une
pièce qui servait de corps-de-garde en même temps.

Le 5, de bon matin, on partit pour se rendre à Nuits,
passant par Savigny, mais à peine deux tiers du bataillon
suivirent le commandant jusqu'à Nuits, un bon tiers, à
l'exemple de quelques officiers, n'arrivèrent que le 6
au soir.

Le 6, à 9 heures du matin, le commandant Marengo se
présenta chez le colonel Ferrer, pour lui remettre le rapport
détaillé du combat de Châteauneuf, mais, avec chagrin, il
apprit que le général Cremer venait de le remettre à nouveau sous les ordres du colonel Bourras. Les hommes
murmuraient, car depuis le 2, ils n'avaient point touché de
solde. Sur la vente du pétrole et des moutons capturés aux
Prussiens, chaque homme reçut un franc le 5 et une partie
le 6 en rentrant.

Le 6 au soir, tous les officiers du bataillon de chasseurs, invités par le colonel Bourras, dînaient à sa table.

Le 7, il passait en revue le bataillon, et le 8, après avoir assisté à l'exécution d'un espion, le colonel Bourras destina la 1re compagnie qui fut dès lors la 12me aux avant-postes de Concœur ; la 2me qui fut la 13me à Villars-Fontaine. Il jugea prudent d'envoyer l'artillerie à Chaux, étant comme cela à l'abri de n'importe quelle surprise de la part de l'ennemi. Il retint le commandant Marengo à Nuits, qui, avec les éclaireurs et le génie, forma son quartier général.

Le 10 décembre, enfin, on put obtenir la solde régulière sur les bases du tarif appliqué aux compagnies franches, il fut payé du 1er au 15 décembre inclus, pour les officiers, mais le colonel sachant que les officiers étaient nombreux au bataillon et que huit d'entre eux n'avaient pas vu le feu de Châteauneuf, en biffa trois de l'état, et n'accorda la solde qu'à dix. Il ne voulut payer la troupe qu'à partir du 6 au 15 inclus, jour où le général Cremer l'avait remise sous ses ordres. Le renvoi des trois sous-lieutenants produisit un malheureux effet parmi les officiers et les soldats. Les officiers restant et la troupe furent payés intégralement, de sorte que personne n'eût rien à réclamer, car le commandant avait pour devise : « Fais ton devoir, et tu pourras réclamer tes droits. »

Le 11, au soir, à la suite d'une discussion entre le général Cremer et le colonel Bourras, ce dernier rappelait tous les avant-postes, et le 12 au matin, 3000 hommes étaient à Corgloins, marchant sur Beaune ; faute très-grave, car Nuits et ses environs, jusqu'à Gevray, furent dégarnis, par la haine de deux hommes qui oubliaient le grand intérêt national pour des chicanes individuelles.

Nuits était au désespoir. Le maire de cette ville partit accompagné de deux respectables citoyens, pour se rendre à Beaune, prier M. le préfet d'intervenir dans cette discussion, et ne pas permettre que plusieurs milliers de citoyens fussent plus longtemps inquiétés par la peur d'être surpris d'un instant à l'autre, même nuitamment, dans leurs lits, faute d'avant-postes. Tandis que des pourparlers s'engageaient à Beaune, les compagnies franches de Bourras marchaient sur cette ville.

Arrivé à Buisson, près la Douay, le colonel du 32me de ligne, M. Graziani, par ordre du général Cremer qui voulait dompter le colonel Bourras, arrêta le bataillon des chasseurs du Rhône, lui ordonna de déposer les armes en le déclarant dissout, et par ordre du même général Cremer le reforma séance tenante. Ainsi tous ceux qui voulaient rester au bataillon et servir pendant la guerre, n'avaient qu'à reprendre leur carabine et passer à droite où les canons, le drapeau et les munitions attendaient.

Avant de continuer ce récit, le commandant croit indispensable de mettre à la connaissance du lecteur ce qui suit :

La discussion entre le général Cremer et le colonel Bourras eut son origine de ce que Cremer vint à Nuits le 11 et, passant à cheval dans la grande rue, une troupe de francs-tireurs, comptant beaucoup de chasseurs du Rhône remarquables par leurs toques à fond rouge bordées en astrakan, ne le saluèrent pas. Le général s'arrêta et demanda pourquoi et depuis quand les francs-tireurs ne saluaient pas les généraux de l'armée ? Quelqu'effronté lui répondit : « Nous n'avons rien à faire avec l'armée; nous sommes des francs-tireurs libres, etc. » Les soldats de Bourras n'avaient certainement pas raison de répondre d'une manière aussi indisciplinée à un général, mais une pareille bêtise, répondue par des hommes ignorant la discipline, aurait-elle dû produire un effet si fâcheux ? Cremer, qui avait pu remarquer les chasseurs du Rhône parmi le groupe d'où sortit la réponse qui le mit tant en colère, ordonna la dissolution de ce bataillon, si bien organisé, si bien équipé, et qui venait de faire ses preuves à Châteauneuf, et il ordonna que la dissolution s'accomplit même au prix du sang, car, à Buisson, on cerna le bataillon dans un court espace, et une ceinture de soldats, baïonnette au canon, chassepots chargés, avait l'ordre de faire feu sur les chasseurs, au plus petit mouvement de révolte, ou à la moindre démonstration de désobéissance aux ordres que le colonel de ce régiment devait appliquer au bataillon. Plusieurs officiers du 32me, cœurs nobles et généreux, ne manquèrent pas d'avouer les ordres qu'ils avaient reçus et de blâmer hautement la conduite de Cremer à l'égard des chasseurs du Rhône. Le commandant Marengo eût bien besoin de l'influence morale gagnée sur ses hommes à Châteauneuf pour arriver à empêcher une effusion de sang entre ses chasseurs et la ligne, car des hommes qui s'étaient bien battus, qui avaient toujours marché par tous les temps et par toutes les routes, souvent sans solde et même sans vivres, faisant toutes les abnégations possibles, pouvaient à juste raison s'offusquer d'être traités de la sorte. Marengo put en convaincre une partie qui resta au bataillon, mais 150 hommes environ le quittèrent, dans un moment où ils auraient pu rendre de si grands services au pays. Ainsi, 150 carabines, douze mille cartouches, restèrent au 32me de ligne, qui les fit transporter à Nuits, avec tous les ustensiles du génie; tout cela fut la proie de l'ennemi le 18, jour de la bataille.

Voilà les fruits d'un caprice de Cremer.

Malgré l'heure avancée, le commandant Marengo, ainsi que quelques chasseurs qui voulurent rester, quittait à 4 heures du soir ce lieu pour se rendre à Nuits, où ils passèrent la nuit du 12 au 13; dans cette même nuit, les girondins, la 1re légion du Rhône (colonel Celler), et le 32me de ligne arrivèrent à Nuits. Le maire de Nuits félicita les chasseurs de leur conduite et logea ce petit bataillon chez lui, beaucoup de personnes blâmaient Cremer, mais tout était accompli.

Le 13, au matin, le général Cremer fit appeler Marengo et lui dit : « Vous avez vu que je n'ai pas eu peur, et que j'ai fait voir que je suis général; je vous ai détaché du colonel Bourras, car je veux que vous restiez avec moi ; les hommes qui vous restent recevront régulièrement leurs vivres, et la solde leur sera payée, basée sur le tarif de l'armée active ; ne plaignez pas ceux qui vous ont abandonné, car ils ont eu probablement peur du feu à Châteauneuf; maintenant, ceux que vous avez n'ont rien à dire ; laissés libres de s'en aller ou de rester, ils sont restés : vous pouvez donc compter sur eux comme sur vous même. A dix heures, vous partirez à la tête du bataillon de la Gironde, et en éclairant les bois vous pousserez une reconnaissance jusqu'à Saint-Nicolas. » On partit à l'heure indiquée, on traversa le grand bois d'Agencour, éclairé par les chasseurs, on arriva à 2 heures 1/2 à Saint-Nicolas. Le maire de ce village vint joyeusement annoncer au commandant Marengo la présence de 7 à 800 prussiens avec deux pièces de canon à l'abbaye de Citeaux, Marengo convoqua ses officiers et pria le commandant des Girondins d'en faire autant pour conbiner un plan et attaquer l'ennemi. Carayon-Latour répondit que ses instructions étaient précises, et que, n'ayant point d'ordre, il rentrait à Nuits immédiatement; en effet, il rebroussa chemin avec sa légion ; Marengo le salua par ces mots : « Vous partez ? Eh bien moi je reste. »

Les officiers de chasseurs furent consultés, ils approuvèrent le plan du commandant. En attendant, il fit restaurer ses hommes, et, à la nuit tombante, il partit avec eux pour Villebichot, à 2 kilomètres de Saint-Nicolas. A Villebichot, il logea ses hommes dans la grande salle communale, leur défendit de se coucher, leur fit faire du feu, servir une feuillette de vin, du pain, du fromage et du saucisson, et leur annonça la position de l'ennemi, en leur donnant connaissance du plan d'attaque qu'il venait d'envoyer au général Cremer, avec prière de l'adopter et de le soutenir, en cas de non-réussite; le tout fut accepté avec satisfaction, et chacun comptait se venger de l'insulte qu'il avait soufferte à Buisson en détruisant autant de Prussiens qu'il en rencontrerait.

A minuit, la réponse du général arriva, elle était ainsi conçue : « Il est imprudent de votre part, et même téméraire d'exposer deux pièces de canon et si peu d'hommes contre un nombre huit fois supérieur en force. » Il n'était pas question d'appuyer le mouvement dès l'instant qu'on le déconseillait. Le commandant convoque de nouveau ses officiers, qui, à l'unanimité, approuvent encore l'idée résolue de marcher à l'ennemi, les soldats la confirment pour la deuxième fois aussi; alors, il renvoie le courrier à Nuits, avec ces mots : « Mon général, l'ennemi est supérieur en forces, c'est vrai, mais chaque chasseur, armé d'une carabine à 8 coups, vaut, je crois, 8 Prussiens ; le nombre moral serait égalisé, j'aurais, de plus, l'avantage de l'attaque, et voici comment : un lieutenant partira à 2 heures très-précises, avec 20 hommes de bonne volonté et bien résolus ; arrivé à la petite ferme sous Citeaux, il attaque gaillardement l'ennemi qui se réveille épouvanté, en désordre et en confusion, il se porte du côté de l'attaque; moi qui pars en même temps pour la direction opposée, j'aurai le loisir d'assister à ce réveil ; mes hommes embusqués, mes canons chargés à mitraille, j'attendrai que l'ennemi ai porté toutes ses forces vers le lieutenant qui a des ordres positifs et, à sa grande surprise, je le mitraille par derrière. Il se trouvera pris entre deux feux, les canons lui feront croire qu'il a affaire avec une armée, et je suis sûr de la victoire. Je pars à 2 heures, veuillez m'appuyer. » Six citoyens de Villebichot voyant le courage des chasseurs, s'armèrent, et prenant avec eux des pelles, des pioches et des haches, pour arranger la place pour les canons, suivirent le bataillon qui quitta Villebichot à 2 heures.

Le commandant était en train de donner ses derniers

ordres pour placer les hommes en position stratégique, le silence régnait, et malgré un froid glacial et une neige gelée qui ne cessait de tomber, sur tous les visages on lisait la joie et le contentement.

Oui, ces jeunes soldats étaient dignes de leurs pères, ils avaient confiance en leur commandant, ils avaient la certitude de la réussite. Mais hélas ! Quelle déception ? Vers les six heures du matin, un courrier arrive de Nuits et remet au commandant ce qui suit : « Ordre : Commandant Marengo, repliez-vous sans attaquer, rentrez à Nuits immédiatement, j'attends des ordres, j'ai besoin de vous; je vous le répète, repliez vous. Général Cremer. » Il fallut tout abandonner et se replier sur Nuits, en laissant dormir et se réveiller tranquillement l'ennemi. Le même courrier fut expédié au lieutenant, mais quand il arriva, le feu avait commencé, et Citeaux dut prêter un coin de son pré pour y enterrer un officier et 3 hommes tués par les chasseurs; et le lieutenant, à la réception de l'ordre, battit aussi en retraite.

Le 14 décembre, vers les 9 heures du matin, les chasseurs revinrent à Nuits. Le général Cremer fit appeler Marengo, le fit déjeuner à sa table, et lui dit : « Mon cher, je vous félicite de vos connaissances militaires; votre plan était superbe, mais comme je me propose d'attaquer Dijon, je n'ai pu y adhérer, crainte de faire éventer le plan général d'attaque dont je vous parle. » Le motif du refus de laisser attaquer était logique, il fut donc rapporté aux chasseurs, mais, malheureusement, ce ne fut qu'un prétexte car on n'attaqua pas Dijon; on fut détrompé bien vite, car, ce même jour, à midi, trois heures après l'explication du refus, le général ordonnait à Marengo de partir à la tête de la première légion du Rhône, de pousser jusqu'à Citeaux, et d'attaquer l'ennemi si on le rencontrait.

A 1 heure, on partit de Nuits, passant par Boncour; les chasseurs éclairaient le grand bois qui finit près de Villebichot. A l'extrémité de ce bois, les chasseurs annoncèrent que l'ennemi sortait de Villebichot et filait sur la route de Saint-Bernard; Marengo exposa le fait au colonel Celler de la 1re légion, qui, ne voulant pas prendre sur lui d'attaquer l'ennemi, donna ordre de l'observer en attendant la réponse du général Cremer, à qui il envoya un gendarme de son escorte. Mais, avant que la réponse fut arrivée, l'ennemi eut le temps de s'éloigner tranquillement, observé par deux mille hommes embusqués, avec des pièces de canon, qui ne demandaient qu'à se battre. Mais comment faire feu devant l'ordre formel de se taire et de se coucher pour ne pas être vu?

Après le défilé de l'ennemi, la réponse du général Cremer ne venant pas, les chasseurs et la 1re légion marchèrent sur Villebichot ; de là le colonel Celler se replia sur Nuits, et les chasseurs, deux fois vexés, allèrent jusqu'à Citeaux, où ils passèrent la nuit du 14 au 15.

Le 15, le commandant était en train de faire dîner ses hommes, quand il reçut l'ordre de rentrer à Nuits immédiatement; le directeur de Citeaux eut la bonté de mettre à la disposition de ce bataillon un cheval gris, borgne, avec lequel Marengo envoya le sergent-major à Nuits, pour préparer les billets de logement. On quittait Citeaux à 2 heures, et à 7 heures du soir on rentrait à Nuits. Le colonel d'état-major remit au commandant des chasseurs la dépêche suivante : « Beaune, 15 décembre 1870. Le commandant Marengo fera conduire à Beaune sous bonne escorte le sergent-fourrier Valette et le sergent-major Novel de son bataillon, pour qu'ils soient passés en cour martiale demain 16, à 1 heure de l'après-midi. »

A cette lecture, Marengo prie le capitaine Jeannin de surveiller le bataillon et le 16, au matin, part lui-même pour Beaune avec les accusés. A 1 heure, il les présente à la Cour martiale, plaide lui-même la cause de ses hommes, et à 3 heures, il eut le bonheur de les voir acquitter tous les deux; le public présent remercia le commandant de l'affection qu'il portait à ses subordonnés; les deux sous-officiers pleuraient en l'embrassant.

Tandis que le commandant remplissait un devoir de bon chef à Beaune, un capitaine, un lieutenant, deux sous-lieutenants et l'aide-major du bataillon, se présentaient à Nuits au général Cremer pour lui faire une demande qu'il trouva contraire à la discipline, et il les punit en les faisant rayer du bataillon des chasseurs.

Ces messieurs répandirent le bruit qu'ils venaient de donner leur démission, car le commandant était arrêté à Beaune; il n'en fallut pas davantage, tous prirent leurs armes, ils voulaient s'en aller, mais quelques officiers leur persuadèrent le contraire, leur jurèrent le retour du commandant, et pour les éloigner de Nuits, partirent le jour même pour faire les avant-postes de Vougeot.

Arrivé le soir à Nuits, le commandant n'y rencontra que quelques chasseurs qui lui apprirent ce qui s'était passé ce jour.

Le 17, au matin, il monta à cheval, et accompagné d'un de ses officiers, il se rendit à son bataillon qui le reçut avec une grande satisfaction; de plus, il poussa une reconnaissance jusqu'à Gevrey, et fut étonné de voir ce grand village, excellente position stratégique, dégarni complètement de soldats. Il apprit que des uhlans, et même une patrouille de Prussiens venaient de quitter les Baraques (fraction de Gevrey qui se trouve sur la grande route de Dijon), où ils avaient déjeûné tranquillement. Rentré à Nuits, il fit un rapport détaillé à Cremer, qui se contenta de répondre : « Je sais ». Le même soir, les chasseurs rentraient à Nuits.

Ce même jour, le général Cremer empêcha au commandant des chasseurs de renvoyer le cheval au directeur de Citeaux, en lui ordonnant de le remettre à un commandant de son état-major, car, dit le général Cremer, nous en avons besoin, je le ferai estimer, et le gouvernement le payera. Plus tard, à Beaune, on apprit que ce cheval avait été tué, jugé inutile au service.

L'insouciance du général Cremer à faire garder les environs de Nuits, permit à l'ennemi de nous surprendre le dimanche matin, 18 décembre.

Il était 9 heures, la population de Nuits ainsi que la troupe étaient extasiés à contempler un ballon qui passait au-dessus de la ville, venant de Paris, quand tout-à-coup on entendit des coups de fusils, et le cri : « les Prussiens, les Prussiens, » fut général. Tout le monde courait aux armes. Le colonel Poullet, chef d'état-major du général Cremer, ordonna au commandant Marengo de partir immédiatement avec ses canons et de marcher jusqu'à la rencontre de l'ennemi, lui tenir tête, le battre, le tenir en échec, afin d'avoir le temps de rassembler la troupe qui était logée dans tous les coins de la ville. Les chasseurs étaient logés ainsi que les canons, munitions, bagages, dans un hangar que M. le maire avait gracieusement mis à leur disposition; il fut très-facile de les réunir.

A 9 heures 1/2, en effet, cette poignée d'hommes était lancée au pas gymnastique sur la route de Boncour, mais arrivés près du château de la Berchère, ils rencontrèrent deux compagnies du 32me qui, après avoir soutenu énergiquement les assauts répétés de plusieurs milliers de Prussiens, munis d'une formidable artillerie, battaient en retraite. La vue des chasseurs, la présence des deux pièces qui furent de suite chargées à mitraille, et firent feu contre l'ennemi, arrêta sa marche, encouragea ces braves qui s'unirent aux chasseurs, et se répandirent avec eux dans les vignes ne laissant sur la route que le commandant, qui, aidé par le capitaine Jeannin et le lieutenant Reuchessel Joseph, dirigeait l'action et surtout veillait à ce que le feu des pièces fut bien nourri et le plus meurtrier possible.

Si, à Châteauneuf, ces deux petites pièces eurent le bonheur de défendre l'aile gauche, personne ne pourra leur refuser l'honneur d'avoir été les premières à arrêter la marche de l'ennemi, et à le saluer à Nuits. Elles ne cessèrent pas leur feu, pas plus que les chasseurs avec leurs petites carabines, ce qui donna le temps de venir à la rencontre de l'ennemi.

A 11 heures, le colonel Graziani, à la tête de son 32me, avec quatre pièces de 12, s'avançait à la renforce des chasseurs. Le commandant Marengo pria le colonel de descendre de cheval et de faire avancer ses pièces pour remplacer les deux petites ; l'ennemi à ce moment, battait en retraite parce que les légions, aussi courageuses que braves, avaient gagné le talus du chemin de fer, et à l'abri du terreplein, d'une épaisseur de 6 mètres au moins, ne craignaient pas d'être atteintes, et pouvaient faire bien du mal à l'ennemi. En effet, elles soutinrent le feu jusqu'au soir. Les chasseurs, malgré la grêle d'obus et de balles qui lui était envoyés par l'ennemi, ne cédaient pas un pied de terrain et, soit les petits canons, soit les carabines, ils faisaient beaucoup de ravages dans les lignes ennemies.

Le commandant croit, après renseignements pris, que c'est aux chasseurs que revient l'honneur d'avoir fracassé la mâchoire au grand-duc Guillaume de Baden.

Quelques chasseurs commençaient à tomber blessés ; le capitaine Jeannin, à qui une chute de cheval avait, anciennement, démis l'épaule gauche, glissa dans le fossé de la route et se la démit à nouveau ; il fallut le faire accompagner à Nuits. Le colonel Graziani fut tué au champ d'honneur. La terre commençait à être semée de morts et de blessés ; officiers et soldats pêle-mêle criaient ; mais les canons des chasseurs ronflaient toujours.

Les canons de gros calibre avaient quitté la route. Il ne restait que ceux des chasseurs qui ne pouvaient plus tenir sur la route découverte, l'ennemi ayant mis le feu au bois de Boncour, après avoir pris le château de la Berchére, et avoir braqué ses pièces à longue portée sur ces deux petits canons de montagne, calibre 4. Le commandant Marengo, par mesure de prudence, fit rétrograder ses pièces jusqu'au talus du chemin de fer; là, aidé par le brave aumonier de la Gironde, par le lieutenant Reuchessel, et par les brigadiers Robier et Fradin, ainsi que par le maréchal-des-logis Fabre, on les monta sur le talus et on les mit en batterie, à l'ombre de quelques acacias. Elles tinrent ainsi tant qu'il leur fut possible.

Obligé par la supériorité de l'ennemi, qui avançait toujours, de faire rentrer ses hommes et ses canons, il prit la route de Dijon, espérant prendre l'ennemi par derrière; mais à la hauteur de cette route, il rencontra au coin d'une maison le général Cremer qui, calme et imperturbable, lui ordonna de faire monter ses canons sur les hauteurs de la route de Chaux. Le commandant Marengo, après avoir remis cet ordre aux hommes, sachant que son drapeau était en danger, rentra seul dans Nuits. Sur la place, il rencontra les Girondins et la 1re légion du Rhône, colonel Celler en tête, à qui il serra la main, hélas, pour la dernière fois, et malgré les obus qui pleuvaient et éclataient sans cesse, il alla au café Morlot, prit son drapeau; fit jeter, par trois chasseurs qu'il rencontra, 1000 cartouches dans le canal (cartouches qu'il fit repêcher trois jours après et qu'il fut bien aise de retrouver intactes et ainsi sauvés des mains de l'ennemi). Il prit aussi trois sabres appartenant à trois de ses officiers et sortit tranquillement de Nuits.

A 4 heures, il avait rejoint ses hommes, et il eut le loisir de faire mitrailler l'ennemi jusqu'à la nuit tombante.

La nuit s'approchant, et n'ayant point d'ordres, il monta à cheval pour aller en chercher. Sur les hauteurs de Chaux, il fut appelé par M. le commandant Valentin, du 1er bataillon de la 1re légion du Rhône, qui lui demanda ce qu'il y avait à faire. Marengo lui répondit qu'il allait chercher des ordres et qu'il lui en communiquerait aussitôt qu'il en aurait reçu.

C'est à ce brave officier supérieur qu'on doit de ne pas avoir été tournés par l'ennemi, car après avoir fait vaillamment son devoir à la tête de son bataillon, craignant que l'ennemi nous tournât, il eut l'heureuse idée d'occuper les hauteurs et il disposa ses hommes de manière à faire croire à l'ennemi qu'il avait affaire à une division, s'il eut eu la maladresse de s'aventurer sur ce plateau, plus loin, vers Chaux.

Marengo rencontra le colonel Poullet qui le pria de retourner à Nuits pour voir le général et lui dire que son chef d'état-major était à Chaux. Mais, arrivé près de Nuits, les canons des deux parts se mitraillaient encore, la fusillade avait presque cessé, car il était nuit sombre ; Marengo apprit que la retraite était ordonnée, et les Prussiens, disait-on, devaient la couper en prenant possession de Premeaux. Ainsi, il fallait abandonner Nuits, et, par la route de Chaux, toujours en tenant la haute route, aller descendre à la Douay pour se rendre à Beaune. Par les soins empressés que Marengo y mit, M. le commandant Valentin fut prévenu immédiatement de ce qui se disait, et il donna ses instructions pour exécuter les ordres que le général avait donnés.

En effet, à 11 heures du soir, Marengo arrivait à la Douay, il y rencontra, dans un hôtel, le général Cremer et son état-major. Ils étaient tous tristes, mais le général était très-pâle. L'ordre de battre en retraite sur Beaune fut confirmé, et à 3 heures du matin, les chasseurs étaient à Beaune.

Le 19, on se reposa à Beaune.

Le 20, au matin, le commandant des chasseurs reçut l'ordre de faire sonner le rappel, il s'agissait de fusiller un maréchal-des-logis d'artillerie. Ses camarades, le matin même avaient tiré en l'air ; mais il avait été condamné par la cour martiale et le général Cremer voulait que justice se fasse. Toute la troupe de Beaune était sous les armes.

Marengo ne put rassembler ses chasseurs, car il ne trouva point de clairon pour le refrain du bataillon. L'exécution eut lieu dans la prison même, contre tout règlement militaire, et contre le dernier paragraphe de l'article 3 de la loi martiale, faite à Tours, le 2 octobre 1870, ainsi conçu : « En cas de condamnation, la sentence sera exécutée le lendemain matin, avant le départ des troupes, en présence du bataillon auquel appartiendra le coupable.» Les Beaunois peuvent du reste expliquer en détail cette triste journée à ceux qui leur en feront la demande.

Le 24, le bataillon put obtenir la solde pour la quinzaine, tant pour les officiers que pour la troupe, plus le restant de l'entrée en campagne pour les officiers.

Le 25, jour de Noël, tout le monde toucha ce qui lui était dû ; le contentement était général. La nuit du 25 au 26, le général Cremer ordonna à Marengo d'envoyer 6 hommes et 1 officier à Chaux, 6 autres et 1 officier à Concœur, 6 et 1 sergent à Nuits, pour faire des reconnaissances.

Ils rentrèrent à Beaune le 26 au soir, au moment où le bataillon recevait l'ordre d'aller à Bouze, et de là, envoyer 40 hommes à Bèze-en-Chaume, et 40 à Savigny, pour garder la vallée de l'Ouche.

Le 27, tandis que les chasseurs gardaient les débouchés de l'Ouche, la division Cremer quittait Beaune sans les prévenir, et le 28, ne sachant que faire, le commandant prit sur lui d'abandonner les positions pour rejoindre la division à laquelle il était attaché.

Le 28, les chasseurs couchèrent à Vougeot, et le 29, à midi, ils arrivèrent à Dijon ; mais le commandant les avait précédés. Il était arrivé le soir même du 28. Il avait dîné avec les généraux Cremer, Pélissier et un général ayant l'accent américain, nommé Carolle-Téris, à qui le général Cremer confia le commandement de la 2me brigade de sa division ; il mit les chasseurs du Rhône sous les ordres de ce nouveau général, qui convoqua les colonels des 83me et 86me, ainsi que le commandant des chasseurs, pour se rendre chez lui, hôtel de la Cloche, à 8 heures du matin, le 29. Mais à 9 heures, le général n'était pas encore habillé. Il nous reçut dans un négligé complet et nous soumit l'ordre de la division concernant notre brigade. Il s'agissait de quitter Dijon à midi précis pour marcher à 15 kilomètres en avant, et former un rayon d'avant-postes, échelonnés de manière à empêcher à l'ennemi n'importe quelle tentative sur Dijon, occupant les trois routes, savoir : celle de Saint-Apollinaire, celle de Mirebeau, celle de Langres. Il fallait au moins une carte pour se rendre compte, géographiquement, de la position que chacun de nous aurait à occuper, calculer à combien de distance on était du quartier général de la brigade. Eh bien, ni ce beau général, — je dis beau, car il était chargé de galons, — ni les colonels du 83me et 86me n'avaient de cartes ; il fallut que le commandant des chasseurs prêtât la sienne ; carte que le général garda ensuite. Ainsi, quand les chasseurs arrivèrent à Dijon, ordre était donné de continuer la route. Le commandant, après leur avoir accordé 1 heure pour se reposer et se restaurer, les fit partir pour arriver à 8 heures du soir à Brétigny où ils passèrent la nuit.

Le 30, les chasseurs partirent pour Flaccy, où, de concert avec un bataillon du 83e, ils devaient travailler à faire la place des deux pièces de canon ; mais, dans l'après-midi le général Carrole envoya l'ordre aux chasseurs d'aller jusqu'à Gémeaux, passant par Pichange, et de là surveiller la route de Langres. Les deux pièces furent placées sur une magnifique hauteur, des postes furent placés aussi, des reconnaissances envoyées partout, enfin le commandant prit les précautions qu'un chef doit prendre quand il sait que le quartier-général compte sur lui et qu'il est responsable de la vie de ses hommes.

Le 1er janvier 1871, le commandant, ayant déjà envoyé

au quartier-général les rapports reçus la nuit, étudiait sur la carte les accidents naturels en cas d'attaque ; le bataillon, drapeau déployé, clairons en tête, vint en chantant gaiement lui souhaiter la bonne année. En effet, le jour de l'an se passa très-joyeusement, le commandant eut l'honneur d'avoir ses officiers à sa table ; les chasseurs logés chez les habitants furent traités splendidement.

Le 2, à sept heures du matin, le commandant Marengo reçut ce qui suit :

« 1º Ordre. Les troupes composant la 2ᵉ brigade se mettront en mouvement à huit heures précises pour les destinations suivantes : le 83ᵉ s'établira à Fontaine-Française, Licey, Dampierre et Fontenelle ; le 86ᵉ, la batterie de 4 et la batterie de montagne s'établiront à Licey. Toutes les compagnies franches envoyées à Bèze et Bourberain pour observer la forêt de Velours à l'ouest. Le général de brigade rappelle aux chefs de corps que l'heure fixée pour le départ doit être ponctuellement observée, et que huit heures ne veut pas dire huit heures cinq minutes. Signé : CARROLE-TÉRIS. Daté de Clénay, le 2 janvier 1871. »

« 2º Ordre. Le commandant Marengo se portera immédiatement en avant par Bèze et Bourberain, pour éclairer la forêt de Velours à l'ouest des nouvelles positions occupées à Fontaine-Française, Saint-Seine, Fontenelle, Licey et Dampierre. Il poussera jusqu'à Chazeuil. Signé : CARROLE-TÉRIS. — Clénay, 2 janvier 1871. — A M. le commandant Marengo. »

En même temps on lui écrivait ceci :

« Mon cher commandant, veuillez choisir dans votre bataillon et m'envoyer de suite dix hommes *déterminés* et sachant monter à cheval. Recevez, mon cher commandant, l'assurance de ma haute considération. Le général commandant la 2ᵉ brigade, CARROLE-TÉRIS. Clénay, 2 janvier 1871. A M. le commandant Marengo. »

Comme on peut le voir par ces ordres, prières, etc., le

général Carrole paraissait avoir l'air soldat ; aussi Marengo, pour être précis, fit sonner la générale, et à huit heures il quittait Gemeaux avec tout son petit bataillon. Arrivé à Chazeuil, on y passa tranquillement la nuit, car toutes les mesures furent prises pour ne pas être surpris.

Le 3 au matin le commandant Marengo reçut ceci : « Bourberain 3 janvier 1871. Mon cher commandant, partez de suite avec tous les hommes que vous avez auprès de vous, éclairez la droite de notre division qui rebrousse chemin vers Orgeux. L'ennemi marche sur Dijon. Recevez l'assurance de ma parfaite considération. Le général de la 2ᵉ brigade, CARROLE-TÉRIS. »

L'ordre fut exécuté, et le soir on couchait à Brognon.

Ce jour, en passant par Bèze, le commandant et les officiers des chasseurs furent régalés par M. Gonget, notaire à Bèze, chez lequel Marengo laissa un cheval très-fatigué et malade, qui malgré les soins les plus assidus que lui prodigua M. Durnet, vétérinaire à Fontaine-Française, périt quelques semaines après.

Ainsi à la bataille de Nuits il eut le malheur de perdre montre, revolvers, et tous ses habillements, plus tard un cheval. Il lui en restait encore un, le lecteur jugera s'il fut heureux.

N'ayant point reçu d'ordres, le commandant Marengo ordonna à son bataillon de marcher sur Arcelot, où le général Carrole venait de s'installer avec le quartier-général de la brigade, ordonnant en même temps aux munitions, fourgons, etc., de marcher sur Saint-Julien pour s'approcher du quartier-général de la division. Arrivé à Arcelot, le général Carrole lui ordonna verbalement d'envoyer la moitié de ses hommes à Magny-Saint-Médard, et l'autre moitié à Arc-sur-Tille, pour garder la route de Mirebeau-Gray. En même temps il lui annonça que par ordre du général de division Cremer, à quatre heures précises, aurait lieu un conseil d'enquête et, que lui, général Carrole, était chargé de sommer le commandant Marengo de s'y rendre.

A quatre heures, en effet, un groupe d'officiers de mobiles, présidé par le vieux colonel du 83e, décoré de la croix du pape, demandèrent compte au commandant, d'un air très-grossier, de l'emploi de l'argent reçu du trésorier du colonel Bourras. Marengo répondit à toutes leurs questions, mais ces messieurs exigeaient des documents que Marengo ne pouvait produire, ces documents se trouvant dans la caisse qui était à Saint-Julien, sur le fourgon. Il les pria très-poliment d'attendre jusqu'au lendemain, mais ce fut inutile. Ils firent le procès-verbal de la séance et l'envoyèrent au général Cremer.

Marengo se rendit à son poste à Arc-sur-Tille ; sitôt arrivé, il apprit que le général Carrole-Téris lui avait fait enlever son cheval tout harnaché..... Il ne manqua pas, malgré cela, d'envoyer des reconnaissances sur Mirebeau, afin de pouvoir assurer à ses hommes une nuit tranquille.

Le lendemain, 5 janvier, après l'appel, la solde et les ordres pour la journée, le commandant était en train de déjeûner, vers les deux heures de l'après-midi, lorsqu'un gendarme à cheval lui apporta un ordre signé Cremer, par lequel le commandant devait se rendre avec ses témoins au quartier-général de la division, à Orgeux, pour être passé en *Cour martiale,* oui, en Cour martiale.

Pour ceux de mes lecteurs qui peuvent l'ignorer, voici ce que c'est que la Cour martiale :

D'abord il est dit à l'article 2. « Il n'y aura lieu ni à révision ni à cassation des sentences rendues par les Cours martiales. » A l'article 3 : « En cas de condamnation, la sentence sera exécutée le lendemain matin avant le départ des troupes, etc. « A l'article 6 « Seront punis de mort les crimes et délits suivants, etc. » Notez que si on avait eu beaucoup de Cremer, les Cours martiales auraient eu beaucoup de besogne, et beaucoup de cartouches auraient percé les poitrines des frères, au lieu de celles des Prussiens, car, le maraudage, par exemple, étant un crime puni de mort, comment empêcher des soldats, la plus grande partie ignorant la discipline, de marauder, avec certains intendants comme nous en avons eu pendant cette campagne ?

Mais, revenons au sujet, Marengo partit donc pour Orgeux, en compagnie du capitaine Jeannin, du chirurgien-major du bataillon, M. Delys, du sous-lieutenant Redier et du sergent-fourrier Julliéron. A 3 heures, ils étaient à la maison d'école, lieu de réunion de la Cour martiale. Un peloton du 32me de ligne, commandé par un sous-lieutenant, était prêt, les chassepots chargés ; il avait l'ordre formel d'exécuter le commandant, si la Cour le condamnait. Marengo, ignorant une pareille réception, dit tranquillement au cocher qui l'avait amené : Attendez-moi ici, cela ne sera pas long, et passant au milieu du peloton, gai comme un bienheureux, n'ayant rien à se reprocher, il se présenta devant la Cour martiale, composée d'honorables officiers du 32me et du 57e de ligne, présidée par le brave et impartial colonel Millaud, faisant fonction de général. Craignant les observations légales et la déclaration d'incompétence que Marengo aurait eu le droit d'adresser à la Cour, — car, pour décider du sort d'un officier supérieur la Cour doit être présidée par un général et organisée autrement que l'était celle du 5 janvier, à Orgeux, — le président Millaud annonça à Marengo que le général Cremer ne l'ayant pas encore nanti du brevet de commandant, la Cour avait ordre de statuer sur son sort, comme capitaine, et cela, malgré maints ordres qui lui avaient été envoyés, et malgré la déclaration que, le 15 décembre, Cremer même avait exigée de chaque chasseur, et qui était ainsi conçue :

« *Je soussigné X…., né à…., le…..fils de….., et de.., né le…. à…. demeurant à… déclare servir pendant la du-*

rée de la guerre en qualité de volontaire au bataillon des chasseurs volontaires du Rhône sous les ordres du commandant Marengo. Fait double à Nuits, le 15 *décembre* 1870. » Tous les chasseurs se rappellent avoir signé la présente déclaration à Nuits, au bureau du général Cremer, en présence du général même et de tout son état-major ; mais que ne pouvait faire un Cremer qui, le matin vous embrassait, le soir vous punissait pour vous embrasser de nouveau le lendemain ? Il fallut donc boire le calice, et Marengo, avec le calme et le sang-froid d'une conscience sans reproches, répondit à toutes les questions qu'il plut à M. le président de lui adresser ; les témoins furent entendus et à 4 heures 1/2, après un quart d'heure de délibération, la Cour, à l'unanimité, acquittait le commandant des chasseurs du Rhône. Le peloton d'exécution lui présenta les armes, et aussitôt qu'il eut reçu son sabre, il sauta dans sa voiture pour se rendre à Arc-sur-Tille, où ses hommes l'attendaient. Il fut reçu par des ovations qui lui arrachèrent les larmes de joie et de satisfaction.

Le 6 au matin, il reçut encore la copie textuelle ci-après :

« Ordre. Le commandant Marengo voudra bien se rendre immédiatement à Flacey et Spoix. Il éclairera principalement ce dernier village. Par ordre du général de brigade, le quartier général de la 2me brigade sera transporté à Bellefond. CARROLE-TÉRIS. Arcelot 6 janvier 1871. »

L'ordre fut exécuté et arrivé à Spoix, toutes les mesures furent prises, comme le commandant en avait l'habitude du reste, pour ne pas se laisser surprendre.

Mais au coup de la Cour martiale, qui lui avait fatigué le moral, vint se joindre la nouvelle que l'enfant cadet du commandant, un garçon âgé de 15 mois, venait de mourir et que Madame Marengo, désolée et inconsolable, réclamait la présence de son mari ; tout cela décida Marengo à envoyer un officier au quartier-général de la division qui, d'Orgeux, s'était transporté à Ruffey pour demander au général Cremer quelques jours de congé. Le général Cremer, sans hésiter, écrivit lui-même ce qui suit : « Permission de 30 jours au commandant Marengo pour se rendre à Genève, » Il signa de son titre et apposa le cachet divisionnaire.

Le 8 janvier, le commandant rassembla ses hommes, régla à chacun leur compte, écouta et fit droit aux justes réclamations, remit au capitaine Jeannin et au lieutenant Reuchessel la solde des hommes jusqu'au 15 comme il l'avait reçue et, salué par ses hommes, il quittait Spoix à 11 heures du matin pour se rendre à Dijon. Le même jour vingt-cinq chasseurs ne voulant pas servir sous les ordres du capitaine, se rendirent à Dijon où le général Pélissier les fit incorporer dans des compagnies franches.

Marengo arriva à Genève le 11 à minuit, il dut garder le lit pendant dix jours pour se faire traiter une pleurésie chronique résultant de sa campagne.

Un nommé M. Roch, commissaire de police, au nom des autorités genevoises, sans autre forme de procès, remit le 30 janvier à Madame Marengo une feuille bleue sur laquelle il était dit que « ayant fait des enrolements pour la France, le commandant Marengo était, dès le 25, expulsé du territoire genevois et qu'il devait quitter le canton trois jours après cet arrêté. » Il ajouta verbalement qu'ordre était donné à tous les agents de la force, d'arrêter Marengo s'il était rencontré sur le territoire de ce canton.

Ainsi le 30, à 4 heures 1/2 du soir, cette famille composée du père convalescent, de la mère désolée et triste de laisser le tombeau du petit ange qu'elle venait d'enterrer un mois avant, et d'un petit bébé de deux ans et demi, tous tremblants de froid étaient transportés par un traineau à Ferney, où ils trouvèrent au moins la tranquilité qu'on leur enlevait si injustement à Genève. Il dit injustement car aucun enrolement ne fut fait sur le canton de Genève, et dans aucun pays civilisé on ne doit condamner qui que ce soit sans lui permettre la défense, ce qui arriva à Marengo à Genève, et qui, loin d'être pour lui une tache, démontre au contraire son attachement à la République française. Personne n'ignore qu'on a toujours toléré en Suisse les enrôlements faits pour envoyer des hommes au soutien du despotisme à Naples et de l'ignorance à Rome, mais cette fois il s'agissait d'une jeune République, il s'agissait d'une jeune sœur...

Chacun est maître chez soi, aux lecteurs à juger.

La nuit passée à Ferney, la famille Marengo se rendit à Gex, où M. de Bernex, sous-préfet, la reçut avec une politesse exquise.

Après avoir acquis la certitude que l'armée de l'Est était entrée en Suisse, le commandant renvoya sa dame et son enfant à Genève et se rendit à Lyon où il rencontra deux officiers de son bataillon, le chirurgien-major et quelques chasseurs.

Le 7 février, jour de l'expiration de son congé, il se présenta au bureau de la division, M. le colonel Mitthau, chef d'état-major, lui délivra une feuille de route, et le 9, il se rendit à Grenoble, accompagné de ses deux officiers, pour attendre le résultat des négociations.

La paix ayant été signée, le 6 mars l'armée auxiliaire fut licenciée et chacun rentra dans la vie privée, excepté le sous-lieutenant Louis Redier qui obtint d'être nommé, avec le même grade, au 81e régiment de ligne où il est toujours.

Lettre dont l'original est entre les mains du commandant.

Lyon, le 8 février 1871.

MON CHER COMMANDANT,

C'est avec un vrai plaisir que je certifie que vous vous êtes bien conduit au combat de Châteauneuf, le 3 décembre dernier, et que vous y avez fait preuve de sang-froid, de calme et de dévouement. Voici d'ailleurs en quels termes j'ai rendu compte, dans mon rapport de la conduite des troupes que vous commandiez : « Le tir de la « section d'artillerie des Chasseurs du Rhône a été bien réglé et a « produit sur le moral des troupes un excellent effet. » De plus, vous trouverez dans l'un des numéros du *Salut Public*, du mois de décembre 1870, une relation sur le combat de Châteauneuf, qui est conforme à la vérité et dans laquelle vous êtes désigné nominativement.

Recevez, mon cher Commandant, l'assurance de mes sentiments affectueux.

Signé : FERRER,

Ex-colonel de la 2ᵉ Légion du Rhône, officier de la Légion d'honneur.

En outre du *Salut public* du 14 décembre 1870, qui raconte le combat de Châteauneuf et où on a donné la place d'honneur aux petites pièces de canon dirigées par le commandant Marengo, la *Suisse radicale*, journal qui s'imprime à Genève, dans son numéro du 3 janvier 1871, lui dédie un article des plus honorables.

2...

BIBLIOTHEQUE NATIONALE DE FRANCE
3 7531 03088769 0

www.ingramcontent.com/pod-product-compliance
Lightning Source LLC
Chambersburg PA
CBHW051124050726
47594CB00003B/939